小袖(こそで)ドレス

日本文化を軽やかに楽しめる
新しいファッションのカタチ

大谷ゆみこ

幻冬舎MC

Introduction

はじめに

女性の体をシンプルにしなやかに包むキモノ

洋服と同じ感覚で楽に着られて、美しいキモノ

ドレス感覚で着られてパーティー着になるキモノ

そんなキモノをずっと探していました。

無いなら作ってしまおう。
そう思い、1枚1枚楽しく作っては、工夫を重ねているうちに
私の心がときめくキモノが生まれました 。

それが「小袖ドレス」です 。

小袖ドレスは、100 枚に 1 枚の割合でしか存在しない
エネルギーの高いシルクのビンテージ着物や反物から
手縫いで仕立てています。
小袖ドレスを身にまとうと
なんとも懐かしいエネルギーに包まれます。
同時に、新しいエネルギーが
体の中に回っていく不思議な感覚があります。

どこに行っても
ステキですね、カッコイイですね、
と、注目の的。
出会う人たちから丁寧に扱われ
セルフイメージがぐんぐん上がります 。

和の未来服「小袖ドレス」は
日本文化を軽やかに身にまとって楽しむ
新しいファッションの提案です。

Contents

はじめに 2

Chapter 1
小袖ドレス　13 のスタイル

Chapter 2
小袖ドレスは自分で簡単に着られる！

小袖ドレスと着物の違いとは？ 36

10 分もかからない、小袖ドレスの着方 38

自由に楽しめる小袖ドレス 40

Chapter 3
ストールとピアスと小袖ドレス

ストールに包まれて風と遊ぶ 48

耳元でゆれるピアス 50

小袖ドレスであ・そ・ぼ！ 52

小袖ドレスってこんなに楽しい！ 54

Chapter 4
小袖ドレスで主役の私を楽しむために

Lesson 1 和の性
女びらき　日本人として凛と耀いて生きる …… 58

Lesson 2 和の食
未来食セミナー＆料理レッスン …… 60

Lesson 3 和の心
天女セミナー＆レッスン …… 62

Lesson 4 和の歌
和語レッスンと創造の歌 …… 64

Lesson 5 和の衣
エネルギーをまとう小袖ドレス …… 66

Lesson 6 和の体
ボディバランスと所作 …… 68

Lesson 7 和の命（めい）
つぶつぶ料理コーチという生き方 …… 70

オンラインサロン　女びらき塾 …… 72

小袖ドレス誕生ストーリー …… 74

おわりに …… 78

メイン写真：笹本智恵子、小物写真：松井俊子、P52 写真：加藤千草

Chapter

1

小袖ドレス
13のスタイル

小袖ドレスは日本文化を軽やかに楽しむ
和のファッションドレスです。

「私、カメラマンになる勉強をはじめたんです」「じゃあ、レッスン受講の朝、早く来て写真撮って！」
右ページの写真は、3年前に仙台から通っていた天女レッスン生の笹本智恵子さんとのそんなやりとりからはじまった小袖ドレス撮影第1号写真です。写真の腕も機材もどんどん進化して、今では立派なプロカメラマン。

身にまとうだけで
自分の中のパワーが引き出される。

STYLE

1

ハッピー柄の小袖ドレスには
粋なしかけが満載。
大きなベースの文様は
叶うという漢字と
夢という漢字やフクという
カタカナが組み合わさって、
夢叶う、福叶うという
意味をなす。

Ｐが８個でハッピー。
数字の４が合わさって、幸せ、
甲が４つ十でつながってプラス思考、
探してみよう。

小袖ドレスの袖は、
私を飛翔させるつばさ。

STYLE

2

ずっと昔、美しい光沢のゴールドの古着を発見。
なんだか手放せなくなって
当てもなく手元にあったその着物は、
小袖ドレスとして耀きを甦らせた。

着物なんて関係ない！と思ってた。
でも、日本人として自信を持って着られる
何かを探している私がいたことを、
小袖ドレスを着るようになって
思い出した。

帯締めは飾り。気にいって持っていた
ゴールドにピンクの糸が編み込まれた組ひもが
煉瓦色とゴールドの細帯と小袖ドレスの
マッチングを引き立てる。
同じ色合いのシルクの手織りストールが
「私も入れて」と呼びかけてきた。

STYLE
3

天平の技を復活させた倭文織（しずおり）の小袖ドレス。
真綿で織り上げた密度の濃いやわらかい衣に包まれると
まるで大きな何かに抱かれている安心感がある。

まとった瞬間に体のまわりを
エネルギーの流れが包むのを感じて
自然に背筋が伸び足腰がシャンとする。

時を同じくして
同じ色の帯に出会えたことで、
着こなしの幅が大きく広がった。

帯を変えると、
それだけでまったく違った
小袖ドレスかと思うほどに
印象が変わるのがおもしろい。

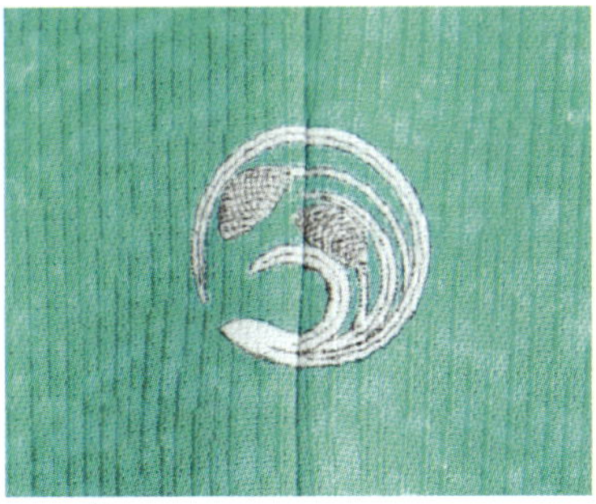

伝統の粟（あわ）紋を背に入れてみた

STYLE

4

キラッとしたオレンジ地に
緑と黄色の配色とジオメトリックな紋様が
モダンな小紋の小袖ドレス。

同じ色で織り上げてある伝統技の
細帯をキリッと締めた瞬間、
あらゆるものが響き合っている
見えない景色を感じた。

手紬の
オレンジと金の糸で手織られた
シルクの小さめストールが
アクセント。

STYLE

5

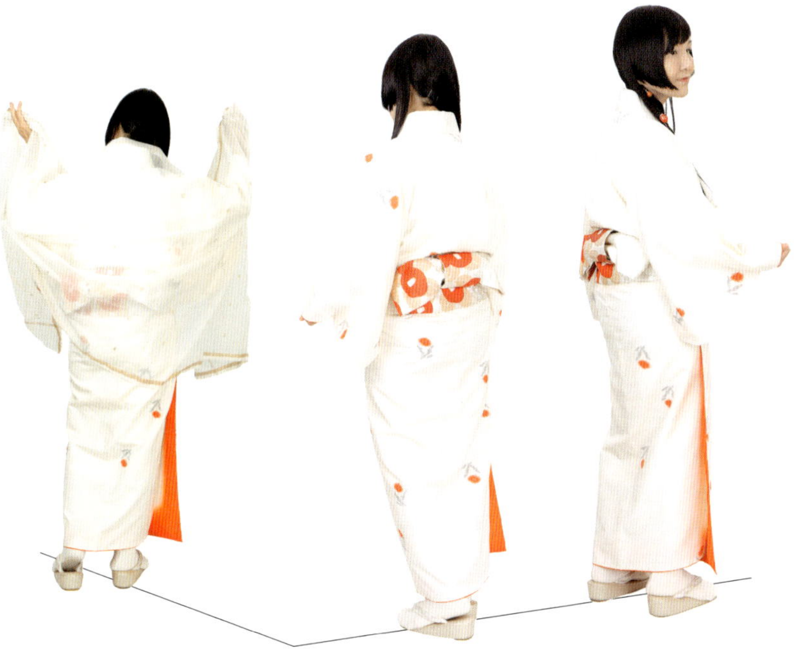

真綿で織り上げた光沢のある
生成り白の反物に、
絣のチューリップ柄が可愛い。

オレンジの衿とピアスと
赤い椿の模様の
お気に入りの帯で
ウキウキ心も体も弾む。

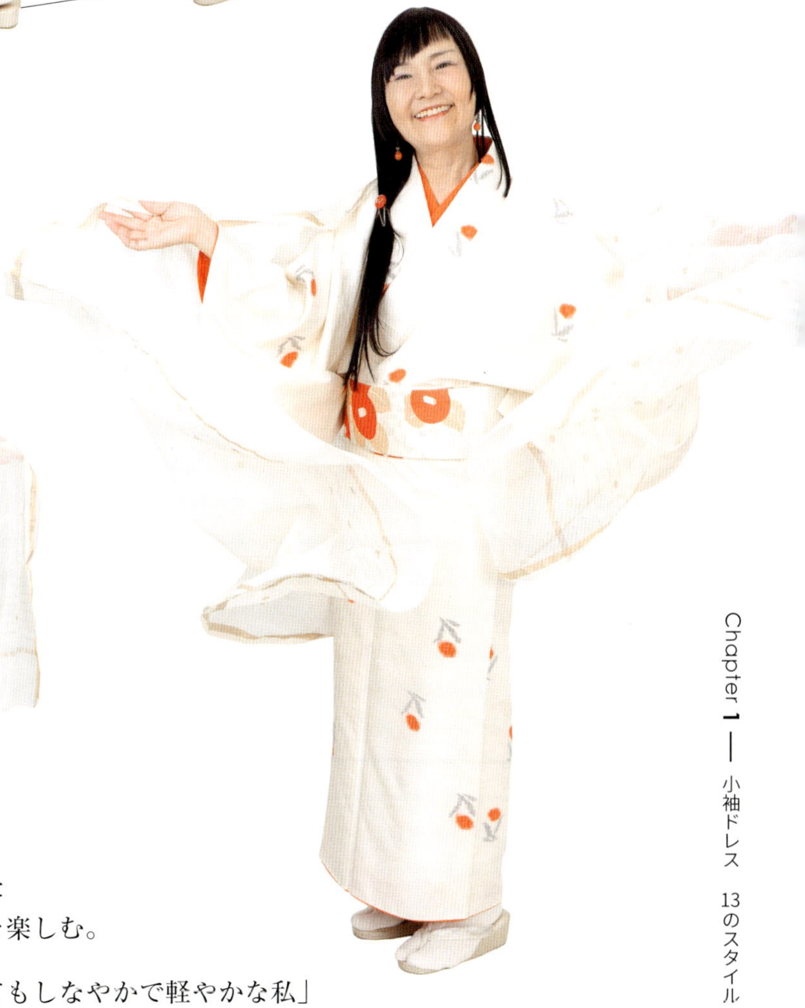

大きな大きなインドで織られた
シルクストールをまとって風を楽しむ。

小袖ドレスは「本当は、とってもしなやかで軽やかな私」
を思い出させてくれる。

STYLE

6

「この反物、私が280の伝統の型を染めました。」
と自信たっぷりの作務衣を着た男性と出会った。

一つの反物に280の伝統柄のパターンを染め分ける、
それもランダムに斜めに、流れるように！
堅苦しい地味色の小紋のイメージが吹っ飛んだ。

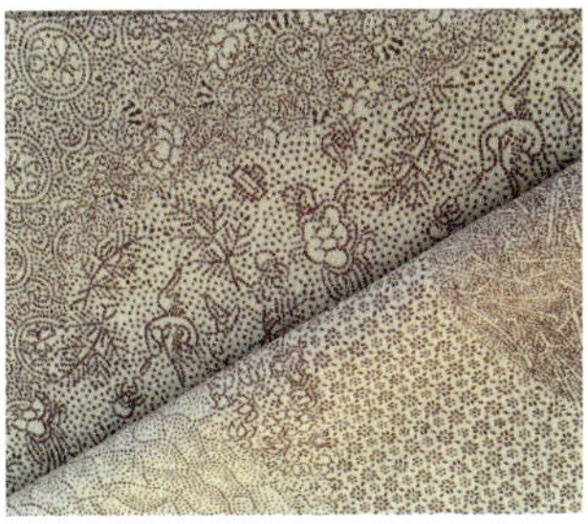

着るたびに
柄たちを眺めて
そのかわいさや
抽象力の高さに感動！

対丈（ついたけ）なので余った反物を
共布のストールに
仕立てて楽しんでいる。

STYLE

7

凝った織りが魅力の藍の夏着物を発見。
レース感覚の小袖ドレスとして
楽しめそうと閃いて
大好きな青緑色の重ね衿をつけて
仕立ててみた。

パーティー着としてなら
オールシーズン楽しめる。

帯を変えると様々な表情を
見せてくれるのは
本藍の手仕事だからこそ。

STYLE

8

黒は着ない宣言をしていた私が
総絞りのこの黒い小袖ドレスにはぞっこん。
黒地の模様がシャープで美しいと思って近づいたら
粋な色合いの刺繍の小花が……。
どんな帯が合うのかと
想像もつかなかったある日
この帯に出会った。

合う帯がないので着ていない小袖ドレス、
合う小袖ドレスがないので
締めたことのない帯。
相方を求めてスタンバイしている彼らを
いつも頭の隅に留めておくと
感動の出会いの瞬間が訪れる。

STYLE

9

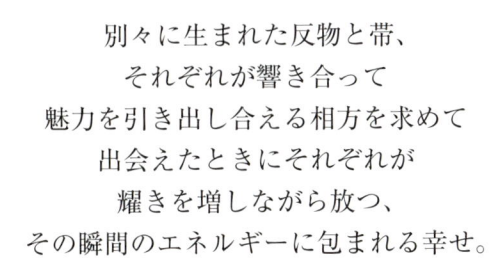

別々に生まれた反物と帯、
それぞれが響き合って
魅力を引き出し合える相方を求めて
出会えたときにそれぞれが
耀きを増しながら放つ、
その瞬間のエネルギーに包まれる幸せ。

それは、人間関係でも同じ。
どれだけ、響き合えて互いの魅力を
引き出し合える人と出会えるか、
そして、暮らしや仕事をともにできるかが
人生の密度であり、質になる。

STYLE

10

ワインカラーに見えるけれど、たくさんの糸で
織られている手紬手織りの小袖ドレス。
その中の色を織り出したような鮮やかな大判ロングストールは
タイのメコン川を下る途中の島で手に入れた。

ストールと小袖ドレスのマッチングも
楽しみの一つだ。

Tシャツ襦袢のカラー衿の色が
素晴らしくて感動してしまった。

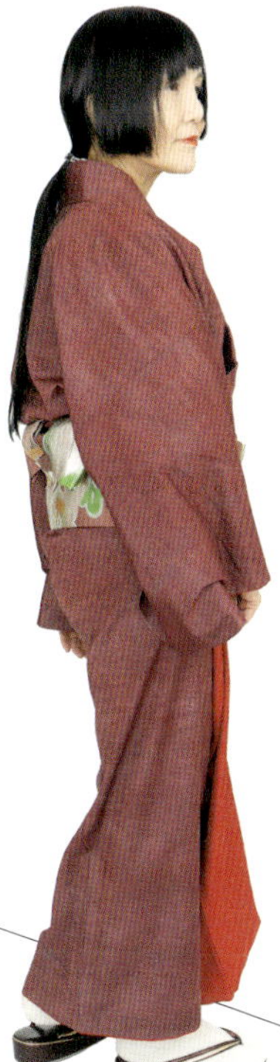

STYLE

11

ハッとするほど鮮やかで美しい
きみどり色の小袖ドレス。
魅力的な風合いに魅せられて近づくと
雄大な景色が織り込まれていた。

小袖ドレスだからこそ
楽しめる、冒険できる、
私を引き立てる色、柄がある。

STYLE

12

ビンテージのタイシルク、
ビビッドな濃厚ピンクの糸の
バックグラウンドはゴールド糸。
見る角度によって
様々な表情を見せてくれる
極上のイカット柄。

「これで小袖ドレスを
仕立てたら
きっといける！」
日本にはない個性の
小袖ドレスになった。

可愛さとキラメキを持ち合わせた小袖ドレスには
ピンクとエメラルド色ベースのカラフルな
タイの絞り模様の木綿のロングストールを合わせてみた。
帯はバンブー柄のゴールド。

STYLE

13

「これ、小袖ドレスに仕立てたらどうなるんだろう？」
スリランカで手に入れたシルクシフォンのサリー。
美しいエメラルド色と透け感が気に入って
手にとったサリーには
モダンでユニークな
ピンクの花の刺繍が描かれていた。

すばらしいパーティードレスに
仕上がったサリーは
キラキラとミラーワークの刺繍が
光を反射して
主役の私を引き立ててくれる。

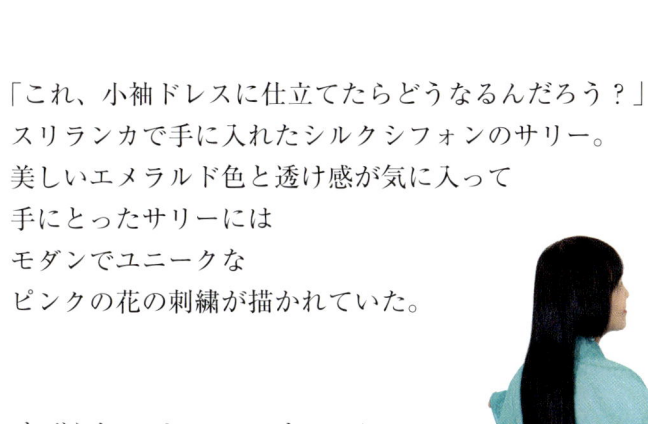

真綿と金糸で織られた幻の布を再現した
「ねんきん」という技法でオリジナルのストールと
金銀リバーシブルの帯を織り上げてもらった。バッグもおそろい。
ストールをまとった瞬間に強くしなやかなエネルギーが押し寄せた。

Chapter

2

小袖ドレスは自分で簡単に着られる！

パッとまとってひも２本と帯を巻くだけ、
着付けのツールや技術は要りません 。

着物は堅苦しくて重いので着ていて疲れる。
一人じゃ着れないし帯を締めたら何もできない。
でも、小袖ドレスなら……。

What's difference Kosode and Kimono?

小袖ドレスと着物の違いとは？

小袖ドレスの特徴

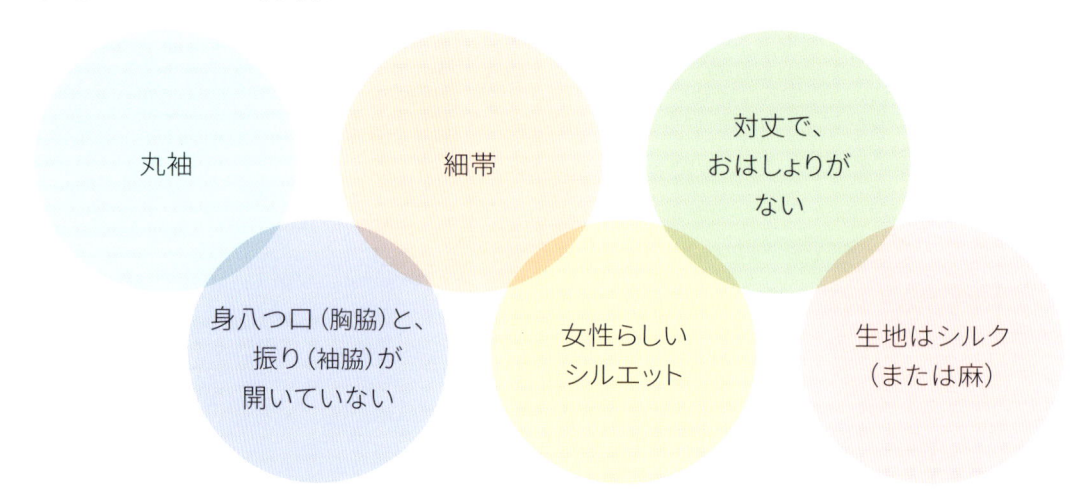

- 丸袖
- 細帯
- 対丈で、おはしょりがない
- 身八つ口（胸脇）と、振り（袖脇）が開いていない
- 女性らしいシルエット
- 生地はシルク（または麻）

小袖ドレス着用のツールはこれだけ！

KOSODE

襦袢と合わせると重さは
従来の着物の半分以下。

機内サイズの
キャリーバッグに
2、3着納まるのも
うれしい。

KIMONO

How to wear Kosode?

10 分もかからない、小袖ドレスの着方

● 小袖ドレス　1本目のひもで腰から下と裾まわりを整え、2本目のひもで衿を整える。
腰骨の位置に思いっきりきつく締めるのが着崩れないコツ。

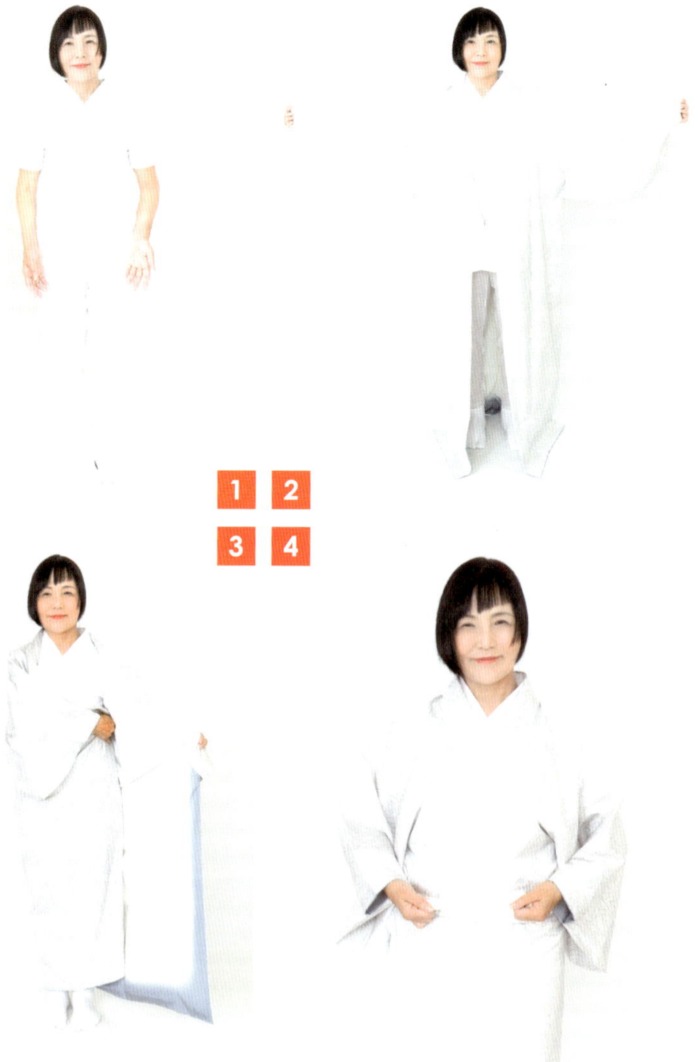

1 Tシャツ襦袢、足袋靴下、スパッツ（寒ければ）を着用します。
2 両手で袖をひっぱり、背中心を合わせます。
3 内側の裾をぐっとななめに上げておきます。
4 腰ひも2本（人によっては1本）で固定します。

● **帯**　帯はばを思い切って小さくしたことで、結ぶのも簡単になり、動きも帯に縛られなくなった。背筋も自然に伸びて凛とした中にゆるやかさがあってステキ、と言われることが多い。

1 2
3 4

1 腰の位置に帯を巻きます。

2 前で結びます。

3 結び目を背中に回し、整えます。

4 あっという間に完成!

Kosode Variation

自由に楽しめる小袖ドレス

年々、財産としての価値が上がっていくワードローブ。
それが小袖ドレス。

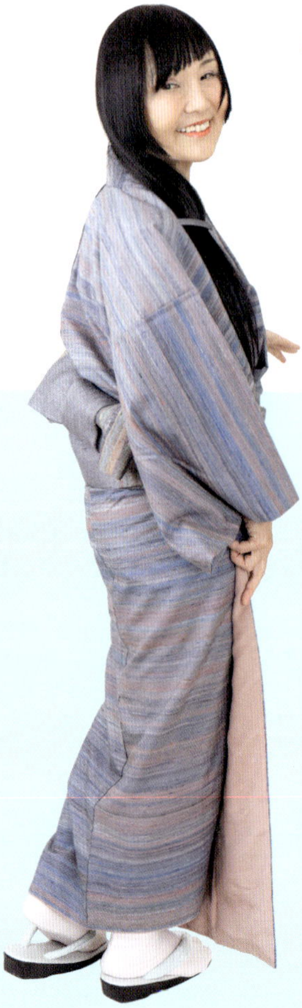

身を包む小袖ドレスの違いで
私の顔色や表情、
そして仕草まで
変化することに気がついた。

私の心に響いた
手織られた美しい布を
まとうとウキウキしてくる。

スリランカの空港で手に入れた
シルクイカットのストールとの
絶妙のハーモニーが楽しい。

縦糸と横糸で織られた布を、
そのエネルギーを活かして縫い合わせて作られる反物。
織り手、染め手、縫い手の手から込められた
手仕事のエネルギーが宿っている。
日本の反物と遊ぶ、小袖ドレス遊びはずーっと深い。

小袖ドレスを着ると
着物ではなく私自身がほめられる。

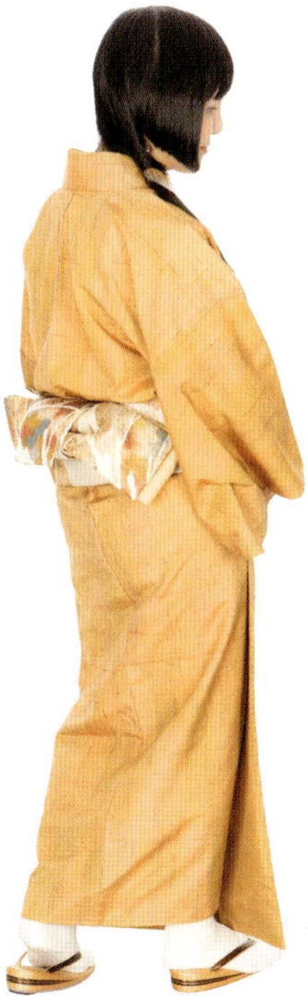

キモノの最高潮の技術で織られた反物で
小袖ドレスと細帯を仕立てて
自分でさっと着る。
回を重ねるごとに、
小袖ドレスの方から私の身体に沿って
包み込むようになった気がして、
着るのがますます楽しみになっている。

Chapter 3

ストールとピアスと小袖ドレス

ゆれる布に包まれてゆれるピアスを楽しむ。
その自由さが小袖ドレスの魅力です 。

ピアスがゆれて
髪がゆれて
ストールがゆれる。
私のまわりを動く風を感じる。

Clothed in Stole

ストールに包まれて風と遊ぶ

小袖ドレスにまとった羽根のように軽いストールが
ふわふわとゆれるのを楽しんでいると
私自身の体も心もどんどん軽くなっていく。

Swaying Earrings

耳元でゆれるピアス

小袖ドレスの袖がゆれ、裾がゆれ、髪がゆれるのを感じながら
ピアスが耳元でゆれるのを感じる。
歩くたびに、それぞれにゆれる音が響き合うのが楽しい。

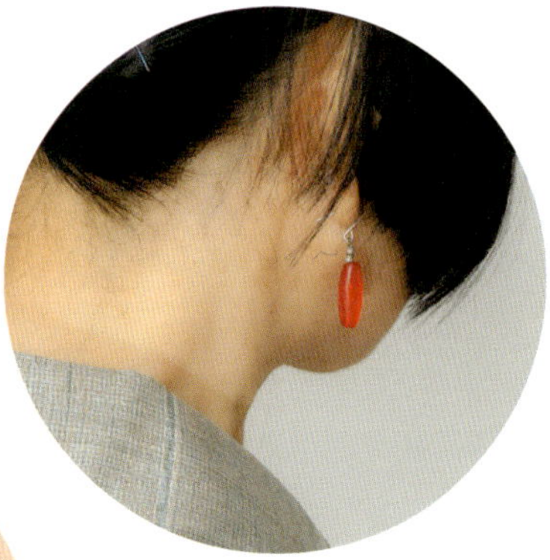

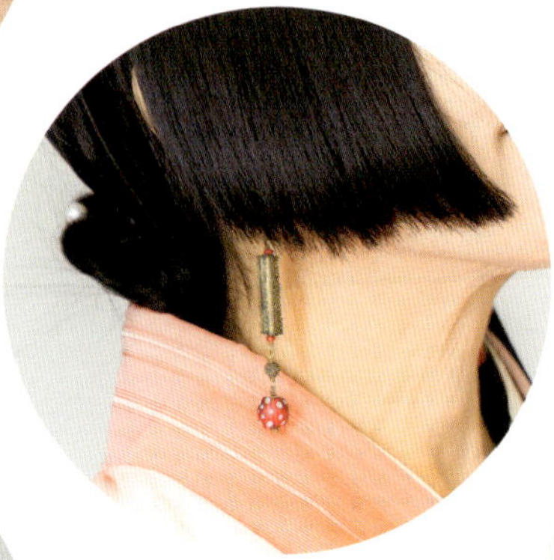

Enjoy
Out Door Kosode!
小袖ドレスであ・そ・ぼ！

世界に一着だけのマイファッション、小袖ドレスには靴も似合う。
すれ違う人みんなが魅力を感じて目を耀かせるのがうれしくて
小袖ドレスを選ぶ日が多くなっている。

How Fun Kosode!

小袖ドレスってこんなに楽しい！

想像以上に簡単に着られて、
和服を着るハードルが
なくなりました。

着物なんて興味なしと
思っていた私が、すっかり
魅力にはまっています。

小袖ドレスを着ていると、
どこに行っても
ほめられます！

全然苦しくないから、
お腹いっぱい
食べられる！

普段洋服に合わせている
アクセサリーがそのまま
使えて、おしゃれが楽しい！

小袖ドレスを着たら、
新しい自分に
出会えました！

一日中着ていても、
疲労感、
締め付け感なし！

Chapter

4

小袖ドレスで主役の私を楽しむために

ココロとカラダを磨く、
“女びらき”７つのレッスンを紹介します。

小袖ドレスは
ブレイクスルーファッション。
古い自分を壊し、一段上の
ステージへと連れていってくれる。

Lesson 1

和の性

Open Your Feminine Nature

女びらき

日本人として凛と耀いて生きる

あなたの中の女性エネルギーを
目覚めさせること、それが女びらきです。

女びらきを構成するのは、
「和の性」を中心に
「和の食」「和の心」
「和の歌」「和の衣」
「和の体」「和の命」の7つの要素。
それぞれに日本の歴史の中にある
忘れ去られた和の心と技を現代に甦らせ、
埋もれてしまった和の文化や習慣を
現代の社会システムや価値観に合った形で
デザインするという役割があります。
7つのレッスンを実践することで、
女性も男性も、体の中に調和が生まれ、
日本人としての自信があふれ出します。

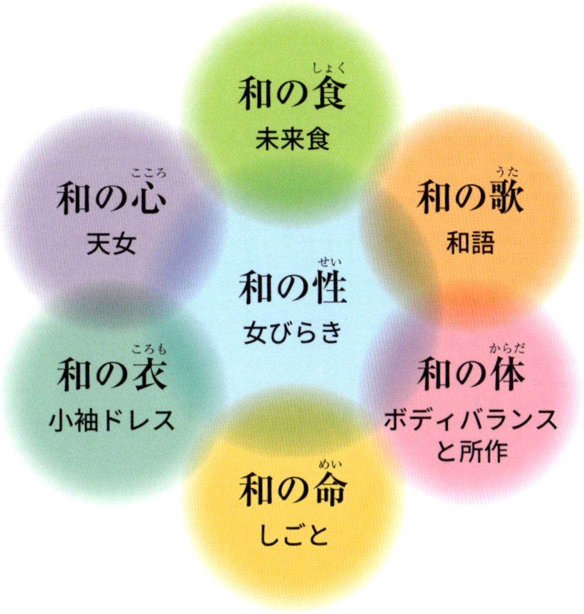

女びらきを構成する７つの円

Lesson 2
和の食

Japan's Vegan Tubu-Tubu

未来食セミナー＆料理レッスン

未来食の実践でベストコンディションの心身をつくることで、女びらきが進みます。

楽しく作っておいしく食べる

1982年に雑穀のおいしさと出会い、ビーガンになりました。その経験から生み出した未来食つぶつぶという食の体系と料理術を伝え続けています。全国に約80カ所（2019年11月現在）ある私が認定した講師が運営するつぶつぶ料理教室で「未来食セミナー」と「つぶつぶ料理レッスン」という形で学ぶことができます。未来食つぶつぶは、①雑穀が主役 ②100%植物性 ③スイーツにも料理にも砂糖を使わない料理。でも、甘さもコクもうま味も抜群！楽しく作っておいしく食べるだけで、女性エネルギーがひらかれます。未来食つぶつぶには、あなたのセンサーである五感をリセットし直感をひらく働きがあります。

つぶつぶは、色とりどりの雑穀たちの愛称です。ヒエ・アワ・キビ・高キビ・粒ソバ・キヌア・アマランサスなど、健康とグルメを同時に充たす新しいグルメ食材のトレンドとして世界的に注目を集めている食材たちです。

3000 点以上の
おいしいビーガンレシピ

日本の日常食のパワーに気がついてからは、雑穀が主役の料理に夢中で取り組んできました。楽しんで女びらきができるように、ハンバーグやナゲットやピザ、アイスクリームなどのみなさんが大好きなメニューを雑穀と野菜で創作する和のビーガン料理を 3000 点以上創作しました。
『未来食』などレシピ満載の著書が 30 冊以上、シリーズで 40 万部を超えるロングセラーになっています。
心を満たすのは、“正しい食”ではなく、舌も体も満足させる“おいしい食”。そして、オシャレで魅力的な“楽しい食”です。

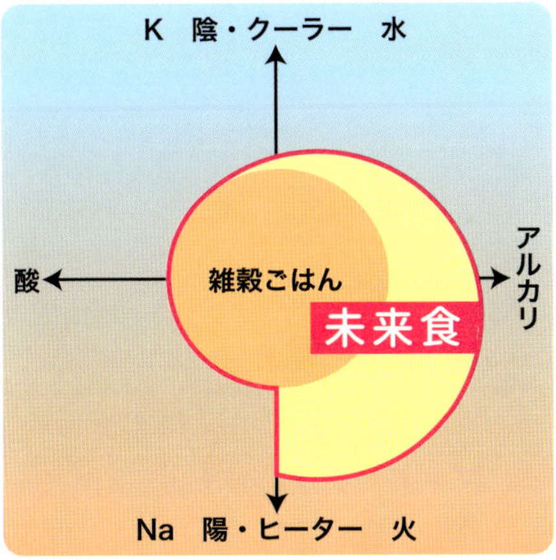

未来食で健康が当たり前の毎日に

和の食材と和のルールで奏でるカラダとココロが喜ぶおいしさのハーモニーで、健康が当たり前の人生を手に入れるレッスン、あなたも挑戦してみませんか。

自然界のルールの研究から「食といのちのバランスシート」を考案し提案しています。たった２つのガイドラインを組み合わせるだけで、自分に合った食や体調を自分で診断でき、献立のバランスや季節や体調に合わせて食べるものを調整できる新しい食の指針です。

未来食セミナー公式サイト　https://www.tubutubu-seminar.jp
つぶつぶ料理教室公式サイト　https://tubutubu-cooking.jp

Lesson 3
和の心

Wake up to Yourself

天女セミナー＆レッスン

女びらきに必要な和の心を取り戻し、
本来の自分が目覚めるレッスン。

和の心を取り戻す生き方のレシピ

私の体という小宇宙のしくみと、私を取り巻く大宇宙のしくみを学び、女としての私を耀かせて生きるという、女性には女性のために用意された学びが必要です。
この世界には、火に象徴される男性エネルギーと水に象徴される女性エネルギーがあり、それぞれ真逆の性質を持っています。物質文明が発達し、男性的な性質に片寄った地球に今必要なのは、女性エネルギーです。分離の性質を持つ男性エネルギーに対して女性エネルギーは、共振・統合・和の力を持っています。女性が真っ先に和の心を取り戻していくための学びができるように、12 年前から天女セミナーと天女レッスンという女性限定のプログラムをスタートしました。

天心で生きる女性が天女

天女セミナーは、女性として生きる目的と意味と役割を知って、自分自身の殻を破り、主体的にイキイキ、キラキラ、ワクワク生きたい！ ── そんな思いが実現するセミナーです。自分自身が「天心で生きる女性＝天女」だということを思い出し、もともと持っている無限の力を思い出して、その力の使い方をプロセスに沿って、学んでいきます。

私の役割は、女性たち一人ひとりの天女への目覚めを手伝うこと。そして、目覚めた天女たちと響き合って、耀いて生きる最高の「私」と、歓びに満ちた最高の「世界」を創造する大冒険を楽しむことです。

さあ、次はあなたが天女であるあなたに目覚める番です。

Lesson 4
和の歌

Language Physics

和語レッスンと創造の歌

古代から続く日本語のエネルギーパターンとその働きを学ぶことで
女びらきが進みます。

和語を学んで女びらき！

あなたが毎日何を食べるか、どんな言葉を発するかがあなたの体と心、取り巻く現実をつくっています。女びらきにとっても、言葉は欠かせない要素の一つ。通信講座「和語レッスン」では、日本語を構成する48の音のエネルギー的意味をオンラインで学ぶことができます。
日本には和歌、短歌という言葉があるように、「ウタ」はメロディーをともなう歌だけではなく、文章も、絵も、日常の所作も、舞も、料理も、私の中の見えないエネルギーから生まれ出たすべてを表します。その基本が言葉です。日本語は長い歴史を持っており、今もほとんど同じ言葉が使われています。和語を学ぶことで、直感が目覚め 、脳の思考回路がリニューアルされ、発する言葉の質が変わり、女びらきが進むのです。

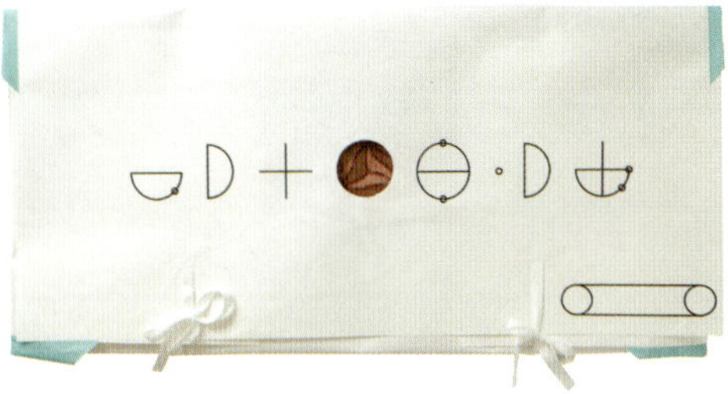

オリジナルの、小袖ドレスを包むたとう紙や紙袋にデザインされたロゴは、右から「コソデドレス」と読みます。

CD アルバム『いのちの泉』
発売：Tubu-Tubu Record

創造の歌

繰り返し歌うことで、女びらきに効果を発揮する7曲のウタを収録した CD アルバム「いのちの泉」。聴いている家族にも同じ効果が期待できます。

収録曲

1. いのちの泉
2. アマの子守唄
3. わたしの音色
4. おなかの中
5. つぶつぶの歌
6. 今から生まれる未来
7. 光の食つぶつぶ

いのちの泉

作詞 高野辰之／改作 大谷ゆみこ／作曲 岡野貞一／編曲 カムナ

春の小川は
さらさら行くよ
岸のスミレや
レンゲの花に
姿やさしく
色美しく
咲けよ、咲けよと
ささやきながら

いのちの泉は
とうとうと流れ
あなたや私や
すべての人に
姿凛々しく
耀き放ち
歌えよ舞えよと
ささやいている

Lesson 5
和の衣

Wrap with Energy
エネルギーをまとう小袖ドレス

小袖ドレスが持つエネルギーが私たちの体を包み、
外界の刺激から守り、心も体もしなやかに整えてくれます。

ウエストではなく腰を締めることで体は整う

反物の縦糸のエネルギーが、存在の柱である背骨にエネルギーをもたらし、横糸にぐるりと巻かれることにより体が整う――それが小袖ドレス。平らな渦の中心に見えない縦のエネルギーが通っている銀河のように、人間にも縦のエネルギーが通っています。縦糸がスッと通った小袖ドレスを巻くように着て、細帯を丹田のまわりに巡らせてキュッと締めることによって、存在としての縦横の基本軸が整うので、体も心もニュートラルになり、しなやかに整うというしくみです。日本のキモノをはじめ、ハワイの古代フラ、ベリーダンス、アフリカの踊りなど、多くの古代の衣裳は、ウエストではなく腰を締める形でした。小袖ドレスをまとい腰にひもと帯を巻くと、自然に背筋が整いセンターが強化されてシャンとしたあなたが表れます。

縦横の糸で織られた反物をまとうことで縦のエネルギーが整い、直行する銀河のようなエネルギーの渦で体を取り巻くことができ、バランスの整った姿勢で大地に立つことができます。

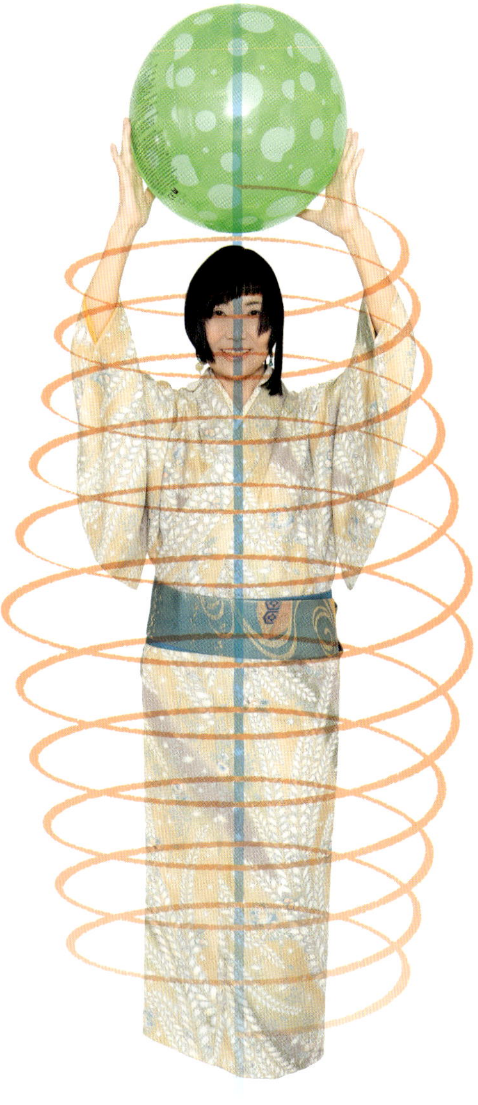

姿勢を整え体を守る

もともと、「キモノ」の「キ」という音は、エネルギー「気」を表す音。そして、「キ」には「切る」というつながりを中断させる意味もあります。「キモノ」は「切るもの」、外界を切り分けソフトな空気層をつくることで、外界の大きな刺激から体を守る役割を果たしていました。

また、エネルギーの流れで包むという意味も「キモノ」にはあります。だから、「キモノ」のエネルギーの質はとても大切なのです。素材の質、形、作られた過程、誰がどのような思いで作ったか 、関わった人の思いとセンスによって反物の質が決まります。小袖ドレスは最高の質のエネルギーを持つ反物だけを選んで仕立てて楽しんでいます。
いつものワードローブに小袖ドレスを取り入れることで、日本人として凛と耀いて生きるあなたへの変容――女びらきが始まります。

Lesson 6
和の体

Physiology & Posture

ボディバランスと所作

心の姿勢を整えると、体の姿勢も整います。信頼と感謝、
感動の心が取り巻く人や物事への優しい所作を生みます。

日本の所作を学び、姿を整える

深い結びつきを持つ心と体。心が整うことにより、体も整い、美しい所作へとつながります。体を運転しているあなたの意識、つまり心の姿勢があなたの体の姿勢をつくると言えるでしょう。体のしくみを活かした美しい姿勢は、体を支えている筋肉すべてを適切なチームワークで働かせることによって実現します。内臓を適正な状態に保つのも美しい姿勢です。姿勢が崩れると過剰に負担のかかる筋肉と使われない筋肉が増え、使わない筋肉は体を支える能力を失っていきます。腰痛をはじめとする慢性の痛みや内臓の不調の根本原因は、崩れた姿勢や日常の不自然な所作にあるのです。女びらき塾（詳細は72ページ）では、本来の美しい姿と機能を取り戻し維持するための様々な体のレッスンをゲスト講師を招いて開催しています。心の姿勢を整えるための礼のレッスン、体の姿勢を整えるレッスン、体のリセットレッスン、日本の所作を学ぶレッスンなどです。

足の付け根と膝をきちんと折り畳んで座り、立っているときはその両方をスッと伸ばして胸で立つ。そうすると、いつまでも美しい立ち居振る舞いを保てる。正座をするときも立つときも、縦のエネルギーと響きを合わせると、首も伸びて、美しい所作になる。

ボディバランスを整える体の使い方を学ぶと、特別なエクササイズをしなくても、日常の美しい所作で健康なカラダを維持することができます。

姿を整え、明日の幸せをつくる

「姿」というのは、「素の形」すなわち形になる前のことを意味します。内面からにじみ出ているその人の存在の仕方、本来のその人らしさが自然に引き出されるのが日本の所作です。着物とともに鍛えられ洗練されてきた日本の所作には、全身の筋肉をバランス良く使いこなすことで、日々の暮らしと体の姿勢を鍛え、整える働きがあります。すべての現象に大いなる意識が宿っていると感じ、敬愛の心で接する姿勢を形にした礼のシンプルなしくみと技を学ぶことによって、最期まで心身ともに健やかに人生を楽しむことが可能になります。
自分の姿勢や立ち居振る舞いのルールを身につけて、体の扱い方を学ぶことがあなたの明日の幸せをつくるのです。私たちと一緒に日本の所作を体得して、本来の姿で日本人として凛と立つ生き方をしてみませんか。

Lesson 7
和の命

Mission of Integration

つぶつぶ料理コーチという生き方

私たち人間の共通の命（めい）は、この世界で思いきり遊びながら、
世界とともに成長し続けることです。

私に与えられた役割を全うする

この世界には無駄なものは一つもなく、植物が花を咲かせるために全細胞が必要なように、人間の体にとっても、どの細胞も必要なものなのです。そう考えると、私たちはそれぞれ意味を持って生まれてきて、この世界のしくみに合った役割を持っていると言ってもいいでしょう。本来のルールを持つしくみに沿って自分の中から湧き上がるような仕事をすること――これが“命”です。命を全うしたときに、私たちは本来の耀きを取り戻し、この時空の中にあるものすべてが響き合っているという感覚を味わうことができるのです。

私の命、つまり役割は、料理のデザインと心のデザインです。あなたが料理のレシピと生き方のレシピを通してこの世界のしくみとルールを学んで、それぞれの役割を思いっきり楽しめるようになるプロセスのガイドをすることです。

夢中になって楽しめる、矛盾のない仕事

遊びと学びと仕事と暮らしが一つになったつぶつぶ料理コーチという生き方を提案しています。

つぶつぶ料理コーチは、未来食セミナー３つのシーン、１年間の未来食スクール、半年の料理コーチ養成講座を経て認定試験に合格することで活動を開始することができます。

つぶつぶ料理コーチは、未来食つぶつぶの実践で耀く人生を実現した人たちです。女びらきの食 ── 未来食を伝えることを命としてつぶつぶ料理教室を運営しています。健康なわが家を社会にひらくことで、矛盾のない働き方を手に入れ、豊かな人間関係と収入を得ています。

一人ひとりの人生を耀かせる女びらきの食スタイル「未来食つぶつぶ」が社会の常識になることを目指して、つぶつぶ料理教室のネットワークを育てることに取り組んでいます。2019 年 11 月現在約80カ所、活用してください。

Online Salon

オンラインサロン　女びらき塾

～人生100年時代を本気で遊ぶ、私の未来創造塾～

女びらき塾のメインテーマは、「人生 100 年時代を本気で遊ぶ」です。
私自身がこの人生を本気で遊ぶにはどうしたらいいかを問い続けて手に入れたツールや技や知恵を、みなさんと分かち合うためにオンラインサロンを始めました。
私のミッションは、私自身が、この世界と私を思いっきり楽しみ、味わい、私をとりまく世界の成り立ちとしくみを探求して、この世界の仕組みの仕様書と、心身の取り扱い説明書（生き方のレシピ）を作り伝えることです。
それぞれの中に眠っている女性エネルギーが目覚めることで、自信を持って生きる仲間と、この世界を楽しみ合うことです。
そして、このサロンのサブテーマは、「日本人として凛と耀いて生きる」です。洋を和で包み、近代化を和で包んで進化させるという遊びを一緒に楽しみましょう。
それを実現するための様々なコンテンツを、7つの視点から提供しています。

オンラインサロン　女びらき塾　Facebook アカウントがあれば、どなたでもご入会いただけます。
https://lounge.dmm.com/detail/2075

Find Your Hidden Charm

小袖ドレス de ブレークスルーWS（ワークショップ）

～あなたの耀きを引き出す一枚と出会う～

女びらき塾では、多彩な波動の高い小袖ドレスをまとう体験を通して、新しい自分を発見し、セルフイメージを更新する「小袖ドレス de ブレークスルー WS」を開催しています。
紡がれ、織られ、染められ、描かれ、縫われ、気の遠くなるような手仕事のプロセスを経て存在する小袖ドレスをまとうことは、世界一質の高い日本文化の“粋”を身につけることです。そのプロセスで積み重なってきた高い波動を身につけられるのです。
小袖ドレスとの一体感を感じる体験や、その軽さとしなやかさに心が浮き立つ体験、パーッとあなたの顔を耀かせ色白にする小袖ドレス発見の体験、着る人とのマッチングによって、同じ小袖ドレスがまったく違う魅力を表すのをたくさん見る体験等々を通して、あなたの意識の殻が破れて、新しいセルフイメージの種があなたの中に播かれます。
ワークショップでぴったりの小袖ドレスが見つかったら購入することもできます。

Kosode Story

小袖ドレス誕生ストーリー

27歳のときに芽吹いていた小袖ドレス誕生のきざし

小さいときから、日本的なものに惹かれる私がいました。
でも、成人式の振り袖にも格式張った現代の着物にも、なぜか違和感がありました。出雲阿国のテレビドラマを観て、その衣裳ののびやかな美しさに憧れていました。
そんな私が、27歳のときに一目惚れして数十万もする正絹縮緬の小袖風の二部式着物を購入しました。
思い切って決断した買い物でしたが、しわにならない反物で帯がないのでコンパクトに持ち運べ、簡単に着ることができます。そのため、様々なパーティーシーンや海外の会議で大活躍しました。それから40年経った今も、少しも魅力を失わず現役です。
ところがそれ以来、同じカタチのものには出会えませんでした。時々、ビンテージの着物の反物の魅力に惹かれて手に入れても、着ることなくしまい込んでいました。

忘れていた夢を形にしてくれた出会い

2014年の初夏に「互福笑 帯のこくりょう」の國領満男さんと、そのアンテナショップの店長の小管貴子さんと出会いました。着物の文様の意味などの研究者でもある國領さんのお話に魅せられ、キャビンアテンダントから転身して9年間1日も欠かさず着物を着ているという小管さんにも興味を持ったことから、8ページの國領さんオリジナルのハッピーがテーマの反物に出会いました。いろんな色が入ってる柄が好きな私の好みの色合いの反物。その文様のユーモアに魅せられて心はときめいたのですが、「でもやっぱり、今の着物の形は好きじゃないから買えない」と言ったら「それなら好きな形の着物を仕立てたらええ」と國領さんが提案してくれました。

「ホント！そんなことができるなら袖をゆったり丸袖にして、袖つけ部分が開いていないおはしょりのない着物作れますか」と私。そしてふと脇を見たら、キレイな細い帯が十数本積まれていました。「この帯は？」と尋ねたら「時代劇映画のために作ったものや」と。「これ買えるの？」ということで、待つこと一月半ほどで私が着たい形の着物ができあがってきました。

これが小袖ドレスの誕生です。

単衣のシャキッとした紬の新感覚の着物は、軽くて、ひも2本と細帯だけで簡単に着られて、動きも自由にできます。ちょうど全国講演ツアーの予定があったので、幸せがテーマのハッピー小袖で講演をすることにしました。

国際会議やパーティーシーンで大活躍の小袖ドレス

行く先々で「ステキ！」「こんな着物なら私も着たい！」と絶賛されました。気をよくして、買いためていたビンテージの着物を次々と小袖に仕立て直していきました。

そして、着物の複雑なルールを気にせず自由に和のファッションとして楽しむために「小袖ドレス」と命名し、商標権も取得したのです。

機内持ち込みサイズのスーツケースに入り、3着持ってもかさばらないので、その後は、エジプトへ、オーストリアへ、イタリアへと様々な場面で小袖ドレスが活躍しました。

エジプトで開催された
世界女性会議で
ロシア代表と

ノーベル医学生理学賞
受賞の本庶佑医学博士の
受賞記念祝賀会で

抑えていた夢が一気に吹き出したように、次々と反物やビンテージ着物や魅力的な帯との出会いがあり、小袖ドレスが増えていきました。それにともなって、「私も小袖ドレス着たい！」という声が高まったので、まずは知り合いを集めて着てみる会をしたら、みんなどれを着てもよく似合うのです。
そして、ある小袖ドレスを着たとたんに、パーッと目が耀き色白になり頬がピンクになる、それぞれに合う小袖ドレスがあることに気がつきました。そして、みんなその小袖ドレスを放せなくなるのです。それで販売がはじまりました。
「私、着物には興味ないです」と見ようともしなかったスタッフまで自分にぴったりの小袖ドレスを見つけて着るようになりました。

そんな過程で出会ったのが、和の色にこだわった衿色のバリエーションがうれしいＴシャツ襦袢と足袋ソックスです。
「これがあればもっと軽やかに小袖ドレスを楽しめる！」と一気に軽やかさの仕上げが進みました。

日本の織物の技とセンスに感動の連続

池口平八さんとアトリエの前にて

また、伝統の技を守ってきた反物関係の方々との出会いにも恵まれて、次々と魅力的な小袖ドレスが生まれました。
5世紀に営まれた月輪古墳から出土の80種の絹織物にはすでに錦・綾の技術が施されていました。その一つが自然の繭からとった糸で織られた倭文織です。倭文（しずり）と名づけ当時の織りとともに復活させたのが、父方に初代三条小鍛冶宗近、母方に初代井関宗麟の血脈をもつ室町時代から続く京の織元「織屋宗麟」の池口平八さんです。
天平の色シリーズの中から女性性のシンボルとしてこの色を選び、栗紋を入れて仕立てました（13ページ）。帯は伊勢神宮の神紋を特殊な技術で織りだしたものです。
徳川家に伝わる幻の金銀箔と真綿糸の織物「ねんきん」を復元させた桝屋髙尾の現当主の髙尾朱子さんが仕立ててくれたのは「ねんきん」のストール。真綿と金箔の織りなす深くて力強くてしなやかなエネルギーに包まれている感覚は言葉を越えています（33ページ）。金銀箔とエメラルドグリーンの真綿で織り上げたリバーシブルの「ねんきん」の帯とバッグとポーチもできあがってきました。
280種の伝統の柄を型染めした個性的で品の良い江戸小紋は直接染めた方に勧められて仮に着付けてもらったら、体を被うやわらかくて温かいエネルギーの流れが起こったことに圧倒されて、購入を決めました（18ページ）。

髙尾朱子さんと打ち合わせ中

できあがった
「ねんきん」の帯・バッグ・ポーチ

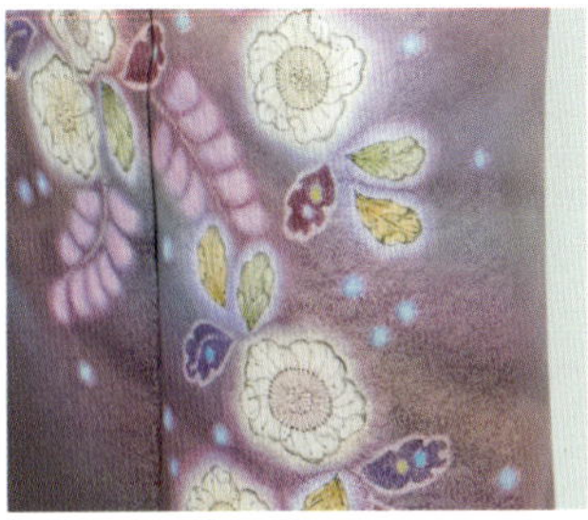

久保田一竹さんの作品の展示会に偶然出会ってそのエネルギーと氏の生き様に打たれ、敬意を表するために1枚は手に入れたいと思って、作品ではなく購入できる反物に出会い小袖ドレスに仕立てました（45ページ）。

着る人の魅力を引き出す小袖ドレスでファッションショー

2019年の1月には、70人の参加者全員が私がセレクトしたぴったりの小袖ドレスを着て、交替で舞台に立ってプロのスポットライトを浴びるファッションショー＆パーティーを開きました。小袖ドレスを着ただけでメイクも変えないのに、キレイになって耀き出すお互いにみんな大感動、ステキ！と言い合って賞賛の嵐を浴び合う夢のような1日を過ごしました。小袖ドレス誕生を支えてくれた小管貴子さんの協力で、4月に京都で同じ規模のファッションショー＆パーティーを開いたときは、翌日みんなで小袖ドレスを着て京都の町を散策しました。

ショーの参加者がそのままドレスを欲しいというので、売ることにしました。その人にピッタリの魅力が上がる小袖ドレスを、その人サイズに仕立てて手渡す少人数のワークショップ形式でのみ販売することに決めました。

小袖ドレスを着ることで、その人の心がひらかれ、セルフイメージが更新されて、いろんな面での変化が起きていく。

その感動に突き動かされて、ワークショップに力を入れています。

この本の出版を記念して、今度は観客も参加できる小袖ドレスのファッションショー＆パーティーを開きたいと夢がふくらんでいます。

小袖ドレス誕生を支えてくれた小管貴子さんと

Conclusion

おわりに

この本を手にとってくださったあなたへ。

16500 年以上前から平和な縄文時代を生き、
天平時代にはすでに国際都市だった日本。
正倉院には世界の織物をはじめとする多彩な文物が
納められています。

そして 400 年以上前、安土桃山時代にはすでに
自由で多彩、融和的で高度な反物作りの技が花ひらいていました。

それまで支配階級にとって下着だった小袖、
庶民の粗末な衣と見なされていた小袖を、表着として
堂々と着てファッションと化した安土桃山期の着物の変革の歴史。

それは、西洋で華美で重たいドレスが
シャネルのスーツやワンピースになったときや、
隠すものとしていた下着をキャミソール、タンクトップとして
表に出して堂々と着るようになったとき以上の大きな変革でした。

そして、江戸時代にはさらなる変遷を重ねてきた
着物の歴史があります。

それなのに、あらゆることが急速に軽量化スリム化していく
現代の流れの中で、着物の歴史だけが重たいまま止まっています。

私の趣味と思って始めた
軽やかな和ファッション小袖ドレスへの着物の変革は、誰もが心の中
で求めてたことなのだと確信が深まっています。

女びらき塾とともに小袖ドレスの波紋が広がっていくのが楽しみです。

山の栗が大豊作の広葉樹林に囲まれたいのちのアトリエで

大谷ゆみこ

Profile

大谷ゆみこ（おおたにゆみこ）

暮らしの探検家。未来食つぶつぶ創始者。
オンラインサロン女びらき塾主宰。
株式会社フウ未来生活研究所 CEO。

1952年生まれの辰年。1982年から生命のルールに沿ったおいしい「料理のデザイン」とワクワク弾む「心のデザイン」という分野を開拓し先駆的な活動を続けている。雑穀が主役の心身に健康をもたらすおいしい食システム「未来食」を提唱。「つぶつぶ料理教室」ネットワークを運営、1995年に誕生した「未来食セミナー」のプログラムで日本各地の何千という人々に家族ぐるみの健康と幸せのスキルを伝え続けている。オンラインサロン「女びらき塾」を主宰し、「小袖ドレス de ブレークスルーワークショップ」「和語レッスン」「天女セミナー」など、人生100年時代を輝いて生きるための多彩な自己鍛錬プログラムを提供している。暮らしの拠点は広葉樹林と七色の雑穀畑に囲まれた「未来食ライフラボ / いのちのアトリエ@山形小国」。日本ベジタリアンアワード第1回ヴィーガン賞、第2回大賞、第3回料理家グループ賞。日本で2番目、女性初の日本ベジタリアン学会認定マイスター。日本ベジタリアン学会理事。『オトナ女子は人生を“食”で奏でる』（幻冬舎メディアコンサルティング）『未来食 7つのキーフード』（メタブレーン）『野菜だけ？ 目からウロコの野菜まるごと料理術 野菜料理大図鑑』（メタブレーン）『雑穀と野菜でつくるつぶつぶクッキング START BOOK』（学陽書房）など著書多数。

大谷ゆみこ公式ブログ　https://ameblo.jp/otaniyumiko-official
大谷ゆみこ Facebook　https://www.facebook.com/yumiko.ootani.9
小袖ドレスインスタグラム　https://www.instagram.com/yumiko_kosode
つぶつぶインターネットラジオ
　Podcast　https://itunes.apple.com/jp/podcast/id888557579
　YouTube　https://www.youtube.com/user/tubutubuoffice

小袖ドレス

日本文化を軽やかに楽しめる
新しいファッションのカタチ

2019年11月27日　第1刷発行

著　者　大谷ゆみこ
発行人　久保田貴幸
発行元　株式会社 幻冬舎メディアコンサルティング
〒151-0051 東京都渋谷区千駄ヶ谷4-9-7
電話03-5411-6440（編集）
発売元　株式会社 幻冬舎
〒151-0051 東京都渋谷区千駄ヶ谷4-9-7
電話03-5411-6222（営業）
印刷・製本　シナノ書籍印刷株式会社
装　丁　荒川浩美（ことのはデザイン）

ISBN 978-4-344-92589-2 C0095
幻冬舎メディアコンサルティングＨＰ
http://www.gentosha-mc.com/